Dichterstube

Dichterstube

Kehricht
Band 2

von Helmut Barthel

Helmut Barthel, "Dichterstube, Kehricht Band 2"
© Helmut Barthel
Alle Rechte vorbehalten

Rechte für diese Ausgabe:
MA-Verlag, Stelle-Wittenwurth
ma-verlag@gmx.de
1. Auflage 2016

Satz, Layout und Umschlaggestaltung:
MA-Verlag
Bildnachweis: © MA-Verlag

ISBN 978-3-925718-27-4

Das Licht ist der Schatten der Dunkelheit
und das Feuer der Abglanz der Kälte.
Erhoffe von dem Licht also nichts,
was du von der Dunkelheit nicht fürchtest.
(H.B.)

1. Leiersätze

Leicht

Leicht
lebt
Liebe
lichtens
lodernder
Lust.

Trief

Träge
triefen
Trauertropfen

lose
leider
lediglich

lind und
leicht dann
lächerlich.

Wasserspiegel

Ein wasserblauer Himmel spiegelt
die Welt, die sich im Meer einigelt.

Früher

Früher färbten sich die Blätter spät,
heut' ist es das Grün, das früher geht.

Feige

Peitscht der Wind auch regenschwer
Blätter in die Zweige,
trägt der Baum die Gegenwehr,
die Natur ist feige.

Maßstab

Ist der Mensch in seiner Größe
nicht als Maßstab etwas klein
und gibt sich darum die Blöße,
eh'r ein Gärungsgas zu sein?

Staubkorn

Kleines Auge, große Welt,
in der Luft ein leichter Zug,
eine Hand, die reibt und hält,
war ein Staubkorn wohl im Flug.

Lächeln

Das Lächeln der Trauer
greift tiefer als ihre Schmerzen.

Engelshaar

Es klingt nach Glocken, Engeln und Gesang,
ich glaub', ich geh' woanders entlang.

Verschlungen

Was sollen mir die alten Götter,
wenn ich ihnen nicht bin,
sprach der Rauch zum Himmel
und wurde von ihm verschlungen.

Verschließen

"Wenn ich aber mit meinem Leib
den Himmel verschließe",
besann sich der Rauch,
"so wird mir von den Göttern
doch keiner entkommen."

Doch

Zur falschen
Zeit
am falschen
Ort,
doch
recht gebor'n
mit einem
Wort.

Flügelschlag

Ein Schmetterling besann sich seiner
und flatterte davon.

Stille

Still und Stille,
fernes Rauschen,
Wiesengrille,
Gräser lauschen.

Der Arme

Wie doch der Arme leiden muß,
wenn ihm die Liebste schreibt,
daß noch ein letzter Abschiedskuß,
ein tränenschwerer, bleibt.

Witterung

Blau
war der Himmel vor langer Zeit,
grau
ist er heute schon eher,
schau,
ob die Klarheit sich noch befreit,
trau
nicht dem wissenden Seher.

Plazenta

Blumenrot
und
blutgetränkt,
nasser
Mogelpudding
hängt.

Ist es?

Ist es die Menge
der Menschen für sich
und ihr Gedränge
doch unterm Strich,
die diese Enge
herstellt für mich?

Morgens

Ein dunkles Grün
rollt mit der Sonne
über die Wiesen
und den Wald,
wirft seine Schatten
in das Licht zurück
und füttert himmelblau
die Lebensgier der Erde.

2. Sonette

Traumvergessen

Wo ist der Traum, den alle träumten vor der Zeit,
verbrannte ihn die erste Schöpfungsstunde,
macht er als Staub des Weltalls seine Runde,
endlich zur reinsten Glitzernichtigkeit befreit?

Der Traum, der kein Zögern, keine Deutung duldet,
der einst im dauernden Beginn verweilte
und Ewigkeiten mit den Seelen teilte,
der Traum, dem die Welt noch die Erklärung schuldet.

Wie kann der Mensch entdecken und erkennen,
was auch Natur und Kosmos von ihm trennen,
für den dann die blinde Wechselwucht der Mächte,

die alle Welt zur Wiederholung zwingen,
um nichts als immer nur dasselbe ringen,
als traumvergessen sich böse hier doch rächte.

Nebelzweig

Es tropft, schwemmt Erde auf, gerinnt zu einer Pfütze,
die Luft naßkalt, moosfeucht die alte Rinde,
der Nebeldampf als schwebendes Gebinde,
Wurzel, Stamm und Krone als hoher Stuhl und Stütze,

sammelt der Trommelschlag des Wassers seine Tropfen,
verrät am End' sein Austritt auch die Quelle,
die endlos langen Bahnen und Gefälle,
um Fluß und Lauf, den Weg und seine Macht zu stopfen.

Weil der Nebelzweig, naturgemäß versteckt,
und dem Menschen Sinne deshalb unentdeckt
und, von Fesseln, Mühen, Täuschungen und Lügen frei,

sein Geheimnis wahrt und offenhält zugleich,
herrscht in seinem sichtbar unsichtbaren Reich,
trägt er doch immer wieder zur Überraschung bei.

Letzte Pflicht

Fahles Licht des Mondes greift in die Tüllgardine,
auf der Straße kein Verkehr, aus dem Schlaf zu wecken,
Obstgeruch, ein wenig schwer, lastet in den Ecken,
in der kleinen Schale reift eine Apfelsine.

Wie lang hat der Mensch gebraucht, Reichtum zu erwerben,
wieviel Freunde hatte er in dem ganzen Leben,
wieviel Nähe schenkt ihm wer, allen zu vergeben
dafür, daß der Ofen raucht nur für seine Erben.

Viele Fragen, wenig Zeit,
nichts zu sagen, was befreit,
Schatten wachsen wie das Zimmer,

die Familie wartet doch
vor der Tür am Schlüsselloch
auf den ersten Zwielichtschimmer.

Verseifen

Suchen Menschenohr'n zu lauschen,
was der Wald zur Erde spricht,
wenn der Wind durch Zweige bricht,
scheitern sie am Blätterrauschen.

Sucht die Nase mehr als Düfte,
die in ihre Flügel weh'n,
zu erfassen und versteh'n,
bleiben doch nur leere Lüfte.

Wendet sich des Menschen Sinn
zu den Artgenossen hin,
weil er glaubt, sie zu begreifen,

lernt er bald bei dem Versuch,
es ist mehr als nur ein Fluch,
daß auch Worte schnell verseifen.

Verwandt

Vergiß nur nicht, du kaltes Herz,
als dich die Worte schufen,
da hab' ich ihn gerufen,
den gut geschützten, einen Schmerz,

denn diesem wollt' ich ganz genau,
wo immer er sich rege,
sei 's flüchtig oder träge,
und grad in seinem Überbau

den Weg zur Flucht versperren
und auf die Schwelle zerren
vom ausgedachten Aberschein,

durch Täuschungen getragen,
nur um ihm dies zu sagen,
du bist verwandt und nicht allein.

Talisman

Grad' habe ich geträumt, hab' geträumt von dir,
und ein Brandgeruch, der läuft mir nach,
beißt mir Augen, Mund und Nase wach,
und erfüllt die Luft mit säuerlicher Gier.

Da sehe und rieche ich den starken Rauch,
der sich hier träge ballt und windet,
im Zimmer jeden Winkel findet
und weiß, es brennt bei mir und woanders auch.

Dann spät verzögert packt der Schrecken,
wie um auch noch den Geist zu wecken,
grausam mich in meinem tiefsten Innern an.

Die Treppe nehm' ich wie im Sprunge
und sehe dich mit schwarzer Zunge,
wie du sprichst zu unser'm Liebestalisman.

3. Repliken

Die Grenzen meiner Sprache ...

"Die Grenzen meiner Sprache
sind die Grenzen meiner Welt."
(Ludwig Wittgenstein)

*

Dir gehört nicht die Sprache
und mir nicht die Welt.
Wo also sollten ihre Grenzen sein?
(H.B. aus dem Hinterstübchen)

Nonsenskorrektur

"In jedem Moment, in dem es sich auf sich besinnt, steht das Leben an seinem Grab-Schacht, seiner selbst gedenkend - aus der Tiefe tönen die Stimmen des eigenen Gewe-senseins."
(Peter Sloterdijk)

*

Vielmehr flieht das Leben endlos irrend dem Geburtskanal und folgt fortan vergessend dem Übrigen aus dem Echo seines Werdens.
(H.B. aus dem Hinterstübchen)

4. Kurztext naiv
Essay
Klausuren

Kurztext naiv

Drohung

Wir werden euch schon mit unseren Indianer-
und Geistergeschichten die Zähne ziehen und
die Leitungen kappen, und wenn ihr wehrlos
im dunkeln steht und euch nicht mehr zu-
rechtfinden könnt, geht für uns die Sonne auf.

Fadenschein

Gewunden
im Kreise
durch Zeit
und im Raum,
um Achsen
und Kanten,
um Geltung
und Traum
bist du
dem Ende
immer voraus.

Wenn ...

Wenn endlich alle rank und schlank sind und niemand mehr raucht, die Produktivität ins Unermeßliche gestiegen und die Abweichung vom Wohlverhalten nur noch die Patina längst vergangener Zeiten ist, die Menschen dennoch zerbrechen und sterben, erkranken und leiden, und die Gewalt der gesellschaftlichen Instanzen derart umfassend und einseitig entwickelt ist wie die leeren Versprechen, die ebenso großspurig wie unerfüllt geblieben sind und die nach und nach auch die Herzen und das Denken der Menschen explosiv wie eine Bombe aufgeladen haben, welche Ausrede hätten sie dann noch, die Träger, Profiteure und Administratoren der herrschenden Ordnung, und was sollte sie vor ihrer offensichtlichen Absicht und Schuld dann noch retten?

Mühe ...

Jedes Streben nach Verbesserung,
Vermögen und Können, nach Wissen,
Vereinfachung, Weisheit oder Vollendung,
alle magischen Künste,
alle religiöse Erfüllung oder Entrückung,
alle technischen Finessen,
jede denkbare Philosophie
gipfelt in der Reife einer Erkenntnis,
die Zukunft, Vergangenheit und Gegenwart,
Gewinn und Verlust gleichsam verschlingt:
Wir kommen um die Mühe nicht herum.

Essay

Reflexionen: Schattenblick ...

Wäßrig und unstet ist der Blick des Menschen und der Kreatur. Er schweift umher, er zuckt zurück und meidet die Begegnung. Selbst wenn das Auge starrt und sich zu festigen sucht unter Krämpfen, so wird es umgetrieben und verletzt von der Wucht der Zwischenräume, der Perspektiven, von wechselnden Schatten und flüchtendem Licht und endlich vernichtend getroffen vom Gegenstand.

Wie sollte es da anders sein, als daß der menschliche Verstand ein Fehlgriff ist und irren muß in jeder Konsequenz. Nur unter einem großen Aufwand an Verlusten und einem Überaufgebot an Schmerz und Leid läßt sich der Trugschluß beständiger Beschaffenheit, zunehmender Veredlung und anwachsender Reife des menschlichen Geschlechts gegen die bessere Erfahrung aufrechterhalten.

Warum, du Wurm, greifst du in die Schatten und suchst den Halt im abschüssigen Moder der Sümpfe? Fürchtest du das Treffen mit jenen, die du nicht kennst oder ihre Furchtlosigkeit, dir zu begegnen, obgleich sie um deinen Irrtum wissen?

Klausuren

Vor Ort

Wie wär' es heut' mit jenem Wort,
gereimt und lyrisch scharf gewürzt,
das nicht verfehlt, und einen Ort
auf seinen festen Punkt verkürzt,
damit du 's wirklich sicher weißt
und niemanden mehr fragen mußt,
warum er dort ist und so heißt,
es sei, du hättest dazu Lust?

Beschwerde

Es war die Hölle,
glaub' es mir,
des Bauches Völle
und das Bier.

Die hab'n sich nicht vertragen.
Schnellstens will ich deshalb geh'n,
um nicht, das möcht' ich sagen,
das Teil auch noch anzuseh'n.

5. Augenlärm und Blinder Zorn

Augenlärm

Connect

Was sie sich auch immer sagen,
kann ich ohne Laut verstehen,
denn wenn Worte wirklich tragen,
gibt es das für mich zu sehen.

Musik

Vernehm' ich Musik
mit Tastsinn und Brille,
so ist das kein Trick,
nur rastloser Wille.

Und doch ...

Es wird still,
das Ohr versagt,
leise schrill,
das Schweigen plagt.

Doch weiß ich auch,
und dies erst jetzt,
daß Schall und Rauch
genauso fetzt

und nichts berührt,
nur endlos stört,
weil niemand spürt,
was er nur hört.

Lauschen ...

Ein Dauerfluß von Vibrationen
trifft ungebrochen meine Haut;
es gibt zum Lauschen viele Zonen,
wenn das geschloss'ne Auge schaut.

Das feinste Ohr ...

Ich höre mit dem feinsten Ohr
und mehr als nur Geräusche,
es spannt kein Trommelfell davor,
so daß ich mich nicht täusche.

Blinder Zorn

Unverstellt

Eine dunkle Welt
wird meine Wirklichkeit genannt.
Wie dunkel aber erst ist eine
von Gesichtsfeldern überlagerte
und von Perspektiven, Reflexionen,
Lichtern und Schatten verstellte Welt?

Begreifen

Auf das Sehen folgt Erleben,
auf's Begreifen folgt die Tat.

Du kannst sehen

Du kannst sehen und ich nicht,
doch mich hindert keine Sicht,
die mich füllt mit ihrem Schein.
Warum sollt' ich traurig sein?

Verrat

Ordnung, strenge Disziplin,
gut verteilte Gegenstände
stehen für des Auges Sinn
und verraten Herz und Hände.

Phobisch

Sinnzerrissen
im Gewühl,
blindes Wissen,
Angstgefühl.

Schemen

Dunkle und gefleckte Schemen
eilen meinem Blick voran.
Wo sie and're Menschen lähmen,
fördern sie, was ich schon kann.

Blind ist ...

Blind ist, wenn man nichts versteht,
aber alles weiß,
oder immer weiter geht,
aber doch im Kreis.

Blind ist, wenn man alles sieht,
nur den andern nicht,
und an ihm vorüberzieht,
ohne Leben und Gesicht.

Blind am Ende nicht zuletzt
ist, wenn man es dann versäumt,
durch Erfolg und Not gehetzt,
sich zu sorgen, daß man träumt.

Alles, was man Sehen nennt,
Augenlicht und lange schauen,
ist, was jedes Fühlen kennt,
reflektier'n und gut verdauen.

Fassung

Ob 's für Licht und Schatten tauge
als der Ordnung Tellerrand,
gibt den Aufschluß nicht das Auge,
sondern erst Gefühl und Hand.

Eines

Sprechen und hören
sind nicht verschieden,
wenn sie nur stören
und nicht befrieden.

Ohne Licht

Ich seh' alles ohne Licht,
dazu aber sollt ihr wissen,
mein Blick wenigstens wird nicht
durch das Schattenspiel zerrissen.

Augenmaß

Im Dunkeln, heißt es, sieht man nicht;
ich trotze dem entgegen,
denn ist das Auge voller Licht,
muß man sich angepaßt bewegen.

Farben

Blau ist Wasser, das mich kühlt,
wenn das Herz zum Halse pocht,
weil die Spannung in mir wühlt
und das Blut im Körper kocht.

Wie das Feuer seine Glut
und die Drangsal ihre Not,
färbt die Hitze auch mein Blut,
und ich ahne, das ist rot.

So kann ich die Farben kennen,
die ein jeder and're sieht,
und sie noch beim Namen nennen,
wie der Docht die Kerze zieht.

6. Tiermoritaten

Sühnelos

An einem milden Tag wie heut',
zu warm für diese Jahreszeit,
hat man sich grad' erfreut,
da begann der fürchterliche Streit.

Wolkenfelder, Nebelbänke
war'n beteiligt am Gescheh'n,
ähnlich wohl wie Menschenränke,
furchtbar schlecht vorauszuseh'n.

Aus der Ferne wie ein Spiel
wollte es erscheinen,
durch den Nebel drang nicht viel,
bis auf leises Weinen.

Dann Schluchzen und Wimmern
vom Waldrande her,
die Nebel verschlimmern
die Lage noch mehr.

War es nicht verletztes Wild,
angeschossen und entkommen,
hat den Nebel doch als Schild
und des Jägers Lohn genommen?

Tropft' noch frisches Blut des Kindes
in das warme, feuchte Moos,
überlebte es zumindest,
wurd' den Schrecken nie mehr los.

Hatte nicht der Jagdkollege
sich beschwert, es war Herr Buchs,
daß im nebligen Gehege
angeschossen floh der Fuchs?

Schade

Er war doch nur ein kleiner Hase,
man könnte sagen, noch ein Kind;
der steckte seine junge Nase
in den ersten Frühjahrswind.

Der Frühling ist es wohl noch nicht,
doch sicherlich ein Übergang,
denn Sonne streichelt das Gesicht
und löst den winterlichen Zwang.

Steinharter Acker,
frostiger Dampf,
Häschen hüpft wacker
hinein in den Kampf.

Seinen Bau im Rücken,
vor sich Wald und Feld,
bricht es alle Brücken
und umarmt die Welt.

Alles, was es wiederkennt,
ist das dünne Eis am See,
wie es drauf und rüberrennt,
jagt in Kinderträumen Schnee.

Es rutscht das Ufer runter
und freut sich auf die Fahrt,
bricht ein und geht gleich unter,
der Rest blieb ihm erspart.

Das Glück trieb ohne Gnade
sein Spiel mit diesem Tier,
und es ist wirklich schade
um die junge Lebensgier.

Die Feier

An einem Tag wie diesem,
da spielt das Schweinchen Fett
im Wald, auf Feld und Wiesen
und geht erst spät zu Bett.

Der Morgen weckt es rüde
mit hellem Sonnenschein,
denn es war furchtbar müde
und wollt' alleine sein.

Was treiben sie im Garten,
die vielen Leute hier,
Tische, Stühle, Karten,
ein Grill, Besteck und Bier?

Einer gibt sich zu erkennen,
ist dem Schweinchen auch vertraut,
es braucht nicht in Panik rennen,
und der Schreck ist schnell verdaut.

Laß' sie nicht in deine Nähe,
flüchte noch, so lang es geht,
denn zu deinem Schmerz und Wehe
Nachbar Schlachter bei dir steht.

Müssen Schmerzen und Entsetzen,
durch des Messers Schnitt gelenkt,
nicht den Körper nur verletzen,
dessen Blut die Erde tränkt?

Keiner von den Partygästen
möchte davon etwas wissen,
denn der Grill auf solchen Festen
liefert nur die Leckerbissen.

Kosmetik

Kleines Rhesusäffchen Fips
war so glücklich auf der Leier,
mit Musik und Dauerschwips,
Orgel, Stühlchen, Opa Meyer.

Alle Kinder in der Gegend
hatten Fips und Opa gern,
herz-, gemüt- und tagbewegend
Opa Sternchen, Äffchen Stern.

Wenn Fips auf seinem Stühlchen saß,
die Kinder feixten, klatschten, lachten,
weil er seine Banane aß,
und alle nur noch Unsinn machten.

Dann wurde jedes Straßeneck
zum Jahrmarkt und zum Zirkuszelt.
Und wo er spielt', wurd' jeder Fleck
zum Mittelpunkt der ganzen Welt.

Gewissermaßen war sein Markenzeichen
das rote Baseballmützchen, das er trug
bei seinen Spielen und den Streichen,
ob sie verrückt, verwegen waren oder klug.

Das Labor für Schönheitsmittel
war das größte Haus am Ort,
Männer, Frauen im weißen Kittel
forschten für Kosmetik dort.

Mit den Nummern zehn bis hundert
war es nicht zu überseh'n.
Oftmals hat man sich gewundert,
welche Dinge dort gescheh'n.

Als dann eine lange Zeit
Leierkasten, Fips und Opa fehlten,
tat es allen Leuten leid,
und die Kinderfragen quälten.

Nur Erwachsene, die wußten,
als man dieses Mützchen fand
im Labormüll zwischen Krusten:
Fips kehrt nie zurück ins Land.

Der Barsch

Ein Tag wie dieser,
stürmisch, bedeckt,
nur etwas mieser,
hat Jagdlust erweckt.

Angelzeug und Friesennerz,
auch dabei ein Hocker,
und das große Sportlerherz
nimmt die Kälte locker.

Jeder Angler kennt das Glück,
wenn er seine Waffe schwingt,
Nase vor und Arm zurück,
daß der erste Wurf gelingt.

Bei ihm Tasche, Sammeleimer,
Füße fest im frischen Kies,
und der Platz ein ganz geheimer
Tip als Angelparadies.

Barsch hatte, wie er 's nannte,
sein Brüderchen verschont;
man fraß doch nicht Bekannte,
das war er nicht gewohnt.

Der Himmel ward zerrissen
von Beute und nicht echt,
die hat er dann gebissen,
sie kam ihm gerade recht.

Da hing er nun und windet
sich an der Angelschnur;
sein ganzes Leben schwindet,
als er zum Himmel fuhr.

Er hatte keine Ahnung,
wie furchtbar sowas schmerzt;
und diese große Mahnung
sich durch den Sport verscherzt.

Hamsterrad

Es war die erste Liebe,
und einfach wie das Kind.
Fragt sich, ob nicht dem Triebe
die Tiere Spielzeug sind.

Daß die Eltern Freude hatten
am schönen Augenglanz,
warf zu Anfang keinen Schatten
auf das Geschenk mit Stummelschwanz.

Sie hatten sich gefunden
zum arglos bösen Spiel.
Der Hamster dreht die Runden
im Laufrad, oft und viel.

Interesse wie ein Feuer,
so heiß und zugewandt,
das Hamsterabenteuer
geriet zum Dauerbrand.

Und lange wie besessen
gefüttert und ganz oben,
in einem Tag vergessen
das Tier - und abgeschoben.

Es war nicht nur der Urlaub,
der Umzug kam hinzu;
Gerümpel und der Hausstaub
verhießen Friedhofsruh'.

Vertrocknet, ohne Leben
hat man es dann entdeckt;
am Laufrad sollt' es kleben,
von letzter Müh' verschreckt.

War es nicht auch beseelt
auf tiefster Lebensstufe
und hat sich lang' gequält;
wer hörte seine Rufe?

Ferdinand

In diesen dunklen Tagen,
da gibt es einen Ort,
an dem zieh'n große Plagen
für manche Stunden fort.

Solche Stunden in der Küche
heißen für die alte Frau
Sättigung und Wohlgerüche,
freie Zeit vom Sorgenstau.

Besonders liebte diesen Fleck
als Wohnort und als Wiege
zwischen Zuckertopf und Speck
die letzte Stubenfliege.

Und in den letzten Wochen,
da hat es sich ergeben,
beim Essen und beim Kochen
mit diesem Gast zu leben.

Warme Küche, warmes Herz,
wachsendes Verständnis,
Sympathie bis fast zum Schmerz,
zu der Fliege ein Bekenntnis.

Gab ihr sogar einen Namen,
rief sie fortan Ferdinand;
wenn sie dort zusammenkamen,
saß sie immer auf der Hand.

Über viele schöne Tage
wuchs die Liebe stärker aus,
Zucker in der Schicksalswaage,
und den Faden biß die Maus.

Sicher saß
das Glück nicht länger,
sie vergaß
den Fliegenfänger.

Brummen wird es jede Nacht jetzt,
denn verzweifelt und verlassen
kam 's, in Sinn und Sein verletzt,
doch zum Abschied beider Rassen.

Das tapfere Schneiderlein

Man nennt sie Schuster oder Schneider.
Wir nehmen solch ein Exemplar,
das, als ein böses Beispiel leider,
des Unglücks roter Faden war.

Wer sich zu einer Spinne setzt,
entkommt nicht ungeschoren,
und in der Falle schwer verletzt,
hat es ein Bein verloren.

Dann, im nächsten Augenblick,
hakt das ganze Schneiderlein,
oh, welch großes Mißgeschick,
am Toilettenvorhang ein.

Vorhanglöcher, klein und groß,
fesselten das Schneiderlein;
dennoch kam es wieder los,
abermals zerreißt ein Bein.

Wär' der Schuster eine Biene,
hätt' er sich gefreut,
auf der alten Waschmaschine
war noch Pflaumenmus verstreut.

Mehr im Sturze als im Fluge
taumelt er zu nah' vorbei,
und er klebt im selben Zuge
an dem Mus und kommt nicht frei.

Wie soll man es bloß beschreiben,
dieses Un- von allem Glück?
Würde sich ein Mensch entleiben,
wär's, als blieb sein Haar zurück.

So ist es dann geschehen,
ein Mückenrest flog fort,
denn es konnt' nicht mehr gehen;
ein lang gedehnter Mord.

Und wollte jemand hoffen,
das Schneiderlein wär' frei,
der Gasbrenner stand offen,
die Irrfahrt war vorbei.

7. Gedichte zum Jahreswechsel

2006

Ach, Weihnachtsmann, hör' mein Gebet
an Deine rote Mütze,
ich schlüge gern, wenn 's auch nicht geht,
das Liebesfest zu Grütze.
Wozu das Fest, das ich nicht brauch'
zum Lieben und zu schenken,
mein schlechtes Jahr, mein leerer Bauch,
die sind nicht abzulenken.
Mummenschanz trügt mich nicht länger,
denn mein Sinn bleibt unverstellt,
weil man als Hartz-IV-Empfänger
keinen Hof mit Engeln hält.
Ach, Himmelsknecht, hör' mein Gebet
an Dich und Dein Gewand, das rote,
daß es der Rest der Welt versteht:
Ich bin die Botschaft, nicht der Bote.

2007

Gibt 's dies Jahr ein Weihnachtswunder,
fall'n die Ketten auf der Welt
oder schmiedet sich nur runder,
was die Not zusammenhält
mit den Waffen uns'rer Tage
und den Industrieprojekten,
mit der Durst- und Hungerfrage
und den Raub- und Herrschersekten,
die in ihren Villen lauschen,
ob die Börse singt und lacht
oder sich daran berauschen,
wenn die Folter Feinde macht?
Und sie überzieh'n mit Kriegen
gegen Terror, sagen sie,
und den Fadenschein von Siegen
diese enge Welt wie nie.
Sicherlich, Versorgungsengen
lassen kaum noch eine Wahl,
für die Sieger sind die Mengen,
der Verlierertisch bleibt kahl.
Hat bis jetzt in der Geschichte
dies Prinzip sich auch bewährt,
macht Begreifen doch zunichte,
wenn sich vorn nach hinten kehrt.
Doch gemach, es ist gewiß,
wenn das Volk nach Rache schreit
und es riecht nach Räuberschiß,
gibt es keine Weihnachtszeit.

(Unverfroren auch angesichts des Klimawandels möchten wir alle Freunde und Genossen mit den vorangegangenen Zeilen nicht nur daran erinnern, sondern auch dazu ermutigen, sich auf das zu besinnen, was nämlich das Wissen um einen einfachen Sachverhalt ausmacht, das allen Unterdrückern der Welt immer schon ein Geheimnis war und bis heute geblieben ist:)

"Sieht sich die Mehrheit unterjocht,
ist das zum Pulverfaß der Docht."

2008 - Kurze Weihnacht

Die Christenheit feiert
das heilige Fest,
die Deko verschleiert
den Trug und den Rest.

Die Weihnachtsschneeflocken,
die decken es zu,
wie Menschen verstocken
in herzkalter Ruh'.

Das Weihnachtsversprechen,
das es wohl nur gibt,
weil alle es brechen,
wird innig geliebt.

Die Rituale
aus Wärme und Licht
als Bettelschale
erfassen es nicht,
daß Menschen erlauben,
die eigene Art
aufs Blut zu berauben
und 's eigene spart,
sich billig den Vorteil
am andren verschaffen
und nicht nur aus Kurzweil
berechnen und raffen.

Was für 'ne Weihnacht,
wenn doch einmal nur
und für die Endschlacht
des Menschen Natur
mit Zorn, Wut und Grauen,
voll Zweifel und Haß
ihn in Stücke hauen,
den Zwangsaderlaß,
dann hätt' auch der Rotrock,
der Weihnachtsmann, Platz
und führt' als Kulturschock
die Schuldherrenhatz.

2009

(Aus einer Stellungnahme von Bundeskanzlerin Angela Merkel anläßlich des TV-Wahlkampfduells vom 13. September 2009 in der ARD, live aus Berlin:

"Es geht darum, daß jeder Mensch in diesem Land die Gesundheitsvorsorge bekommt, die er braucht, und zwar unabhängig davon, wo er versichert ist. Und ich werde als Bundeskanzlerin nicht zulassen, daß dieses aufgegeben wird, daß dieses in irgendeiner Weise infrage gestellt wird."

Ist Ausbeutung und Verwertung steigerbar bis zur letzten Konsequenz? Nun, liebe Freunde, gerade das erleben wir schon hier und heute und bereits in Echtzeit. Viel beschworen und oft bestritten steht nun diese Steigerung entmenschlichten Wirtschaftens und verwirtschafteten Seins auf der Schwelle unserer Gegenwart.

Mögen wir das vorweihnachtliche und gleichsam bösartige Versprechen unserer obersten Regierungsautorität, der Bundeskanzlerin Frau Angela Merkel, als Drohung für unsere Zukunft und als Mahnung an unsere Würde für das nehmen, was es ist, der Schritt über jede zumutbare Grenze.)

Wenn Frau Merkel schwadroniert
über die Gesundheitswelt
und dem Menschen garantiert,
daß er nicht ins Abseits fällt,

meint sie nicht, er wird versorgt,
ganz egal, was sonst passiert,
weil er sich als Mensch verborgt,
wenn er an Substanz verliert
und deshalb ein Recht drauf hätte,
gerade als geschwächtes Glied
und gefesselt an die Kette,
auf den Dienst von Arzt und Schmied.

Nein, sie spricht vom neuen Recht,
uns're Bundeskanzlerin,
geht es jemandem mal schlecht,
ist nur die Verschuldung drin.
Dafür, sagt sie, steh' sie hier.
Sorg, Volk, nur fürs höchste Gut,
fürs gesunde Arbeitstier,
Kita sorgt für deine Brut.

Die Gesundheit, höchstes Gut,
das, Genosse, das bist du,
und auf dich und auf dein Blut
greifen Staat und Wirtschaft zu.
Es sei denn, du sammelst dich
und schäumst auf zur roten Flut,
läßt sie scheitern fürchterlich
an der weihnachtlichen Wut.

2010

Längst geht 's nicht mehr ums Teilen
und um Gerechtigkeit
und auch nicht mehr zu eilen,
dort, wo das Elend schreit.

Bald hat des Menschen Schaffen
den Lebensraum verdreht,
doch nicht den Sprung vom Affen
zum Affen, der versteht,
gemeistert und vollzogen
zu wahrer Brauchkultur,
und hat es noch verbogen,
das Fehlkonzept Natur,
und sucht dort weiter Gründe
für Wirtschaft, Raub und Zank
und feiert Sieg und Pfründe
und ist doch sterbenskrank.

Kündet die rote Botschaft
des Weihnachtskultes nicht,
wer seiner Mitwelt Platz schafft,
steht, wo die Fessel bricht?

2011

Warm oder kalt?
Gewißheit möchte jeder,
der Mensch braucht Halt,
da gleicht er wohl der Feder.

Nun ähnelt auch das Wetter noch
dem wirren menschlichen Gemüte
und reißt es auf, das tiefe Loch,
und treibt den Höhenflug zur Blüte.

Nur der dicke Zuckerguß,
der kann süßer glänzen,
weil er ziert und schützen muß,
und der Mensch hat Grenzen
und zieht sich zu seinem Glück,
kalt wie Eis und hart wie Stein,
auf den Horizont zurück,
der gut schmeckt im Lichterschein.

Sieh' doch, der Du nur den Neid
solchen Worten unterstellst,
viel zu nahe ist das Leid,
und das Urteil, das Du fällst,
ist doch jener Furcht geschuldet,
die den feisten Sinn beschleicht,
der nicht die Erkenntnis duldet,
daß das Friedensfest nicht reicht.

2012 - Weihnachtsdämmerung

Die rote Farbe ist nicht schlecht
für das, was unser Streben ist,
drum kommt sie uns auch jetzt grad recht,
ihn auszukehr'n, den ganzen Mist.

Um das Weihnachtsfestversprechen
zu entlarven als infam
und Vernebelungsverbrechen,
Schleierlügen ohne Scham.

Krippe, Stroh und Stallromantik
halten ihre Botschaft vor:
"Seid bescheiden und nicht grantig,
leiht den Engeln euer Ohr,

die euch singen und euch flüstern
hoch vom höchsten Herrscherthron
und den Rest der Liebe lüstern
stehlen für den Gotteslohn.

Lautet der doch: unten bleiben,
damit wir da oben sind,
unser Sklavenheer zu treiben,
euer ist das Christuskind.

Dieses steht für arm und weich
und daß ihr ganz uns gehört,
daß wir Herrscher sind und reich
und ihr nicht den Frieden stört."

So singt es der Engel von oben,
derweil uns die Luft ausgeht,
Konflikte und Schadfolgen toben,
die Welt jedoch bittet und fleht.

Auf dieses Kind ist zu verzichten
im Angesichte uns'rer Not,
denn viele werden sich aufrichten
und ihre Farbe, die ist rot.

8. Dichterstreit

Das Schweigen für Sonette brechen

Zu Robert Gernhardts Sonett „Materialien zu einer Kritik der bekanntesten Gedichtform italienischen Ursprungs".

„Sonette find ich sowas von beschissen,
so eng, rigide, irgendwie nicht gut;
es macht mich ehrlich richtig krank zu wissen,
daß wer Sonette schreibt. Daß wer den Mut (...)"

(aus Karl Otto Conrady: Der neue Conrady - Das große deutsche Gedichtbuch, Düsseldorf 2001, Seite 1053)

Der Vollständigkeit halber

Zur höchsten Form des Neides läuft er an,
erbost er sich, zu dem, was er gern hätt',
den Zugang zu dem Instrument Sonett,
den er mit Mühe nicht erreichen kann,

denn verfolgt ihn nicht ganz selbstverständlich
bei seinem fehlgeschlagenen Versuch
der aufgeschriebene Beweis als Fluch,
daß nun selbst der Dümmste sieht, wie schändlich

er schon scheitert am Satz und der Struktur,
mit dem geistlos aggressiven Wunsch, doch nur
uns fäkalsprachreduziert zu pfählen

und in Übereinkunft mit Kumpanen
im Suff, verstrickt in pseudolinken Bahnen,
noch mit hohler Nichtigkeit zu quälen.

(H. Barthel aus dem Hinterstübchen)

Moral ruft die Vernunft

Zu Bertolt Brecht: „Kleines Lied"

„Es war einmal ein Mann
Der fing das Trinken an
Mit achtzehn Jahren, und -
Daran ging er zugrund."

(aus Bertold Brecht, Gesammelte Gedichte,
Band 1, Frankfurt am Main 1967, Seite 34f)

Kleine Moral

Mein lieber Bertolt, was für'n Kohl
reimst du dir auf den Alkohol,
denn schlecht verpackt und kurz gegriffen,
das ist wie ohne Ton gepfiffen.

(H. Barthel aus dem Hinterstübchen)

Sprechen, schmieden, streiten

Zu Helmut Heissenbüttel: „negative Dialektik I".

„im nein das ja
im ja im nein das nein
im nein im ja im nein das ja
im ja im nein im ja im nein das nein"

(aus Karl Otto Conrady: Der neue Conrady -
Das große deutsche Gedichtbuch, Düsseldorf
2001, Seite 860)

... und entfesselter Gebrauch

Wirres Denken bleibt hermetisch,
drum sucht es nach einem Schluß
und erstickt die Kunst synthetisch,
bricht und staut den freien Fluß.

Im Nein das Ja,
im Ja das Nein,
sodann wird da
ein Spiegel sein;
dessen Gebrauch,
den Blick zu lenken,
eignet sich auch
zum treffenden Denken.

Mit Dynamik ohne Kraft
reflektiert das Karussell
Strecken, die es niemals schafft,
dafür aber ist es schnell.

Die Arbeit der Hände,
das Blätterdachrauschen,
Gespräch ohne Ende,
ergreifendes Lauschen,
gespanntes Beharren,
verkrustete Hektik,
Bewegung im Karren
nenn' ich Dialektik.

(H. Barthel aus dem Hinterstübchen)

Bogenbruch und Spannverlust

Zu Hermann Hesse: „Stufen"

*„Wie jede Blüte welkt und jede Jugend
Dem Alter weicht, blüht jede Lebensstufe,
Blüht jede Weisheit auch und jede Tugend
Zu ihrer Zeit und darf nicht ewig dauern."*

*(aus Karl Otto Conrady: Der neue Conrady -
Das große deutsche Gedichtbuch, Düsseldorf
2001, Seite 669f)*

Der gebrochene Bogen

Hesse, Hermann, mit Respekt,
deine "Stufen" stapeln tief,
und es bleibt nicht unentdeckt,
wie gewunden und naiv.

Hermann, deine Handlungsreisen
hatten Konsequenzen,
Freiheit wirst du alles preisen
und du meidest Grenzen.

Nur wer gegen Grenzen geht,
wird sie endlich überwinden
und nicht stolpern, wo er steht,
Quellen schaffen und nicht finden.

Spannst den Bogen immer weiter
im Stufenschritt zur Ewigkeit,
denn im Seelenantlitz heiter
hat doch nur alles seine Zeit.

Der Prediger, Kapitel Drei
im Alten Testamente,
der ist von dieser Spannung frei
und von Moral und Rente.

Er sucht auch keinen Sinn zu schaffen
und führt den Bogenschlag im Schilde,
beginnend mit den Urwaldaffen
und Menschen dann nach Gottes Bilde.

Er teilte uns schon damals mit,
und das erscheint mir furchtbar weise,
der ganze wilde Lebensritt
ist vieles, aber keine Reise.

(H. Barthel aus dem Hinterstübchen)

Rückstand und Toilettenlyrik

Zu Robert Gernhardt: „Geburt eines Kritikers"
(Sonett).

„Die Hebamme, sie roch zuerst den Braten.
Sie spürte: Diesem Schelm ist nicht zu trauen.
Als er dann schlüpfte, packte sie das Grauen.
Versteinert auch der Vater und die Paten."

(Quellen: 23.8.2002, Süddeutsche / Reuters)

In den Kanal gespült

Oh, zwischen pseudolyrischem Gebrabbel
und der Vergeblichkeit der Welt zu künden
von den großbürgergenerierten Sünden
und was sich birgt in endlosem Gesabbel

ist das Thema längst schon im Kamin verraucht,
da greift er auf dem Niveau vom kleinen Fritz
zu dem abgestandenen Toilettenwitz,
sagt, wofür man mehr als einen Satz nicht braucht,

wenn Dramatik nötig ist
und kein Ei das Kücken frißt,
dennoch Dichter Sprache hassen,

wär' die Mühe mit dem Ton
wie ein totes Mikrophon,
und man sollt' es lieber lassen.

(H. Barthel aus dem Hinterstübchen)

Fledderfluch auf Goethe

Zu Peter Rühmkorf: „Auf und nach Goethe".

*„Hast du deinen Stern verpaßt,
dies sei dir verheißen:
wenn du noch zu kämpfen hast,
hast du auch zu beißen."*

(aus Karlhans Frank (Hg.): Menschen sind Menschen. Überall. P.E.N.-Autoren schreiben gegen Gewalt, München 2002, Seite 214)

Errungenschaft der neuen Dichtung, der alten Künste voll Vernichtung.

Hast du dein Gehirn verpraßt
oder hast du Seelenreißen,
nur weil du vergessen hast,
dich mal richtig auszuscheißen?

Deine Predigt über Frieden
oder was am Ende ist,
illustriert eher entschieden
nur, wie dich der Schwachsinn frißt.

Des Bewußtseins Schlaf hält her
für die Lichtgespenster,
jedoch bringen sie nicht mehr
als den Blick durchs Fenster,

wo uns dann dein Finger zeigt,
wer am Leben scheitert,
und die Kunst mit Kunst verschweigt,
was dich wohl erheitert.

Sucht am Ende als Appell
Licht und Liebe Achtung,
redest du sie dir noch hell,
deine Selbstumnachtung.

Doch im Ernst noch, bitte nenne
jemand, der dein Werk versteht,
und den ich vielleicht auch kenne,
daß er mir 's begreiflich dreht.

Oder wolltest du uns sagen,
Mensch, du mußt aufrichtig sein
und, statt ängstlich dich beklagen,
Wahrheit setzen gegen Schein.

(H. Barthel aus dem Hinterstübchen)

Um's Wort gerungen,
als Flucht mißlungen

Zu Peter Hacks: „Jetztzeit".

„Seit der großen Schreckenswende
Sieht des Dichters ernstes Haupt
Sich durch neue Zeitumstände
Aller Hoffnung jäh beraubt."

(aus Karl Otto Conrady: Der neue Conrady -
Das große deutsche Gedichtbuch, Düsseldorf
2001, Seite 943)

Auch das beste Scheingedicht
schützt vor dem Begreifen nicht.

Lieber Peter und Genosse,
du beschwerst dich und die Welt
in der resignierten Posse,
die viel spricht, jedoch nichts hält.

Ist die Hoffnung deine Mitte
und das Warten dein Rezept,
und das Kämpfen bleibt für Dritte,
Fatalismus als Konzept?

Fügst dich ein und flüchtest weiter,
wie 's bei dir schon immer war,
und natürlich auch gescheiter
als die ander'n, das ist klar.

Wörterreich und versgeschmiedet
offenbarst du doch dein Denken,
das den Lug und Trug befriedet,
um das eigene zu lenken.

Konsument in eig'ner Sache,
selbstverliebt, gewissenlos,
nur aus bourgeoiser Rache
kriechst du in den Westernschoß.

Da bist du Gast,
da darfst du 's sein,
unangepaßt,
versorgt, allein,
sparst dir die Frage
nach dem Sinn,
zählst Lust und Tage
und Gewinn.

Weißt du, daß dein Trauerlied
eigentlich für uns bedeutet,
daß Genosse Verseschmied
sich wie eine Schlange häutet,
nur um die Distanz zu halten,
nicht zu tun, was jeder kann,
in dem Wissen, Raubgewalten
greift man nicht mit Hoffnung an?

Und auch Warten hilft da nicht
oder nörgeln am System
oder gar die Dichterpflicht,
nur die Einsicht, unbequem,
daß die neuen Zeitumstände,
die zerstörte, traute Ruh',
kam, wie auch die Schreckenswende,
weil so viele war'n wie du.

(H. Barthel aus dem Hinterstübchen)

Generationenverluste und kein Ende

Zu Robert Gernhardt: „Zweitausendvier oder Vom Ende des Generationenvertrags".

"'Was sind wir Menschen doch! Ein Wohnhaus grimmer Schmerzen.'
So krass sah das bereits Herr Gryphius im Barock.
Der alte Mensch von heut geht schmerzlicher am Stock,
Weil niemand dafür sorgt, ihn zeitig auszumerzen."

(aus sueddeutsche.de vom 31.12.2003)

Jugendgeneriert und träge ...

Ist zum Jahr Zweitausendvier
dieses Pseudokluggeschmiere
heulen mit dem Raubgetier
oder etwa gar Satire?

Beides dann wohl eh'r mißlungen,
denn dem Mainstream nach dem Munde,
und in opportunen Zungen
wär's wohl eine faule Kunde.

Sollte jedoch wer vermuten,
das sei kritisch-scharfer Frust,
müßt' sein Argument sich sputen
wegen dem Gewichtsverlust.

Denn hier schreibt er sichtlich nieder,
unser kleiner Humorist,
wie er sich im Für und Wider
herz- und seelenlos verpißt.

(H. Barthel aus dem Hinterstübchen)

Die Bedeutung weicht dem Sinn

Zu Peter Rühmkorf: „Ansteckendes Pfeifen"

„Heute morgen mich plötzlich wieder mal
auf der Straße pfeifen gehört,
einfach so Johnny Griffin
"Wading in the Water",
doch kein schlechtes Zeichen."

(aus Frankfurter Allgemeine Zeitung vom
11.2.2004)

Sonnenstich

Wäre Dummheit virulent,
fände sie wohl Worte,
die ein kleiner Geist erkennt
von der gleichen Sorte.

Wie bedeutend doch die Grube,
in der sich der Autor fängt
und als Rühmkorf aus der Tube
sich dem Rest der Welt aufdrängt.

Grundlos, ohne jeden Stil
feiert er den Neubeginn
und erlebt, man sagt, senil,
einen Pfiff und seinen Sinn.

Denn es treffen nur die Strahlen
einer mittäglichen Sonne
auf den ausgebrannten kahlen
wirren Kopf und zünden Wonne.

(H. Barthel aus dem Hinterstübchen)

Hörst du, wie die Brunnen rauschen ...

*Zu Clemens Brentano, aus Der Spinnerin Nacht-
lied, „Im Märchen von dem Myrtenfräulein ein
Schlaflied des Prinzen"*

*„Hörst du wie die Brunnen rauschen,
Hörst du wie die Grille zirpt?
Stille, stille, laß uns lauschen,
Selig, wer in Träumen stirbt."*

*(aus Karl Otto Conrady: Der neue Conrady -
Das große deutsche Gedichtbuch, Düsseldorf
2001, Seite 366)*

C. Brentano

Ich hab' mich bei diesen Worten
nur gefragt, ist es der Reim,
der das Karussell der Pforten
so verklebt wie Haferschleim?

Ganz beliebig ohne Grund
macht ein Künstler sich die Lust,
schleift hier ein paar Sätze rund
und entlädt so seinen Frust
oder was ihn sonst bedrückt,
vielleicht, weil Ideen fehlen,
ist er doch am Schuß beglückt
und hört auf, den Reim zu quälen.

(H. Barthel aus dem Hinterstübchen)

Nonsens daneben - Joachim Ringelnatz

Zu Joachim Ringelnatz: „Die Ameisen".

„In Hamburg lebten zwei Ameisen,
Die wollten nach Australien reisen.
Bei Altona auf der Chaussee
Da taten ihnen die Beine weh,"

(aus Joachim Ringelnatz: Sämtliche Gedichte,
Die Schnupftabakdose 1912, Zürich, 1997)

Nonsens daneben

Mein Ringelnatz, du armer Hecht,
selbst wenn du Nonsens produzierst,
wird mir dabei nicht einmal schlecht,
auch wenn du Brot mit Müll beschmierst.

Denn sollte man so etwas schmecken,
um es wieder auszuspei'n,
müßte doch Geschmack drin stecken,
und dürft' nicht so fade sein.

(H. Barthel aus dem Hinterstübchen)

Nicht zu fassen

Zu Rainer Maria Rilke: „Sonett 9"

„Nur wer die Leier schon hob
auch unter Schatten,
darf das unendliche Lob
ahnend erstatten."

(aus Rainer Maria Rilke, Die Sonette an Or-
pheus: Geschr. als ein Grab-Mal für Wera Ouck-
ama Knoop / Rainer Maria Rilke, 1923)

Nicht zu fassen

Oh, feiner Sinn, oh, zarter Rauch,
du läßt die Wasser freilich fließen,
und, nicht gepreßt durch einen Schlauch,
kann es sich allerwelts ergießen.

Doch halt, wie zart auch immer,
entgleitet nicht auf diese Weise
dabei der ganze Schimmer
und deshalb auch der Zweck der Reise?

(H. Barthel aus dem Hinterstübchen)

9. Aphorismen

Menschensohn
Wo zwei sich
in eine Zunge spalten,
will ich immer
zwischen ihnen sein.

Hören
In einer Welt,
in der man
aneinander vorbeiredet,
wird das Zuhören
zum Störfall.

Im selben Boot
Wir sitzen alle im selben Boot,
nur das Meer ist verschieden.

Pläne
Meine Pläne machen mir keine Sorgen,
aber meine Sorgen machen Pläne.

Nehmen
Geben ist seliger denn Nehmen,
darum nimm dir, was gegeben wird.

Denken
Ich denke,
also gibt es Schwierigkeiten.

Johannes
"Am Anfang war das Wort ..."
(1. Buch Mose, Kap. 3, Vers 19)

... und Schweigen ist 's am Ende.

Gesinnung
Wer eine Gesinnung hat,
gilt wohl schon als antiquiert,
denn ein echter Demokrat
ist neutral, doch informiert.

Feind und Freund
Nur Feinde schließen Frieden,
Freunde setzen sich zur Wehr.

Vernünftig
Wieviele Geheimnisse habe ich gelüftet,
um ihre Wahrheit zu vermeiden,
und wieviele Erkenntnisse habe ich gesammelt,
um mich hinter ihnen zu verbergen?

Rauch
Wo 's Rauch gibt,
gibt 's auch Feuer,
doch zündet der Verdacht.

Metrik
Man kennt sich aus
und kommt nicht weiter.

Das Ziel
Jeder Weg ist zu lang,
seine Abkürzung unendliche Entfernung.

Kälte
Jeder Wassertropfen
entläßt so viel Kälte,
daß der Zwischenraum dampft
vom Übriggebliebenen.

Sinnfall
Es erleidet jener die Zwecklosigkeit,
der dem Zwecke huldigt.

Schattenblick
Der Schattenblick -
die unverblendete Sicht.

Pfeife
Sie sattelt die Luft
mit süßem Geschmack.
Woher dieser Duft?
Vom guten Tabak!

Scheitern
Im Scheitern
ist der Mensch erst liebenswert,
im Versagen erst ein Sieger.

Menschliche Gesellschaft
An seinen Freunden und Feinden
ist der Mensch zu erkennen.
Indes, es gibt wenig Freundschaft
und Feindschaft auf der Welt.

Ohne Ende
Der Tod ist erst endgültig,
wenn er überwunden wird.

Brauchtum
Die Barmherzigkeit der Götter
wird von Menschlichkeit begrenzt.

Direkt
Der kürzeste Weg
ist der Umweg,
den man wirklich geht.

Botschaft
Zeichen entstehen
durch ihre Deutung.

Steinschlag
Wie spiegelt sich der Fels im Bette,
wie findet er zu sich zurück?
Er rollt mit ander'n um die Wette
und trifft dann auf, mit etwas Glück.

Hölle
Wer aus der Hölle will,
muß erstmal 'rein.

Streitdialektik
Das Bessere ist des Guten Feind,
drum sollte es bezwungen werden.

Irre
Träumt der Mensch
vom fernen All,
irrt der Stern
im freien Fall.

Lüge
Lüge, bis die Welt zerbricht.
Erwischt man dich, dann lügst du nicht.

Dahinter
Sehnsucht, Hoffnung, Perspektive
sind der Täuschung Leitmotive.

Zu schnell
Zwei Ziegelsteine in derselben Mauer
haben nichts mehr miteinander gemein
als die Geschwindigkeit,
mit der sie sich voneinander entfernen.

Fraß
Wie die Beere
an dem Strauch
wächst die Leere
draußen auch.

Tao
Das Schriftzeichen Tao
bedeutet lediglich
'ein Mensch, der geht'.
Seinen Weg hat er
bereits hinter sich.

Bedenke
Mensch, bedenke dein Ende,
aber beende dein Denken nicht.

Schatten
Die Sonne wirft Schatten,
der Mond wirft das Licht.

Versprechen
Ein Versprechen wird nur
durch das nächste erfüllt.

Kurve
Worauf läuft
die Frage hinaus?
Darauf, daß sie nicht
als Antwort wiederkehrt.

Tunnelsend
Das Licht am Ende des Tunnels
versperrt der Seele den Weg.

Silberstreif
Letzte Ehre für die Toten
und du kannst dann gut vergessen,
wie bei Lebenden die Noten
auch nur die Distanzen messen.

Keine Blöße
Gib dir keine Blöße,
sonst wirst du nicht erkannt.

Anstand
Des Anstands letzte Konsequenz:
der böse Mensch und Delinquenz.

Offenbarung
Nur ein Irrtum
kann sich offenbaren.

Erkenntnis
Erkenntnis, das heißt hinzunehmen,
was man doch zu erforschen sucht.

Sauber
Sauber ist nur,
wer sich schmutzig macht.

Spiegel
Der Schatten reflektiert die Hand
im Scheine einer Taschenlampe,
oder tut das doch die Wand
als des Lichtes Bühnenrampe?

Die Frage
Dein oder mein,
die einzige Frage.

Schweigen
Auch wenn Reden Silber ist,
wird es durch Schweigen kein Gold.

Östlich
Je östlicher,
um so Weisheit.

Herzlos
Herzlos bin ich, weil mein Herz
jemanden wie mich nicht braucht.

Willig
Der Geist ist willig,
deshalb tut er ja auch nichts.

Schatten
Keiner kann
über seinen Schatten springen,
aber es wird auch keiner
von seinem Schatten festgehalten.

Arbeit
Arbeit ist von Übel,
deshalb sollte sie zügig erledigt werden.

Kurze Beine
Lügen haben kurze Beine;
doch lange Beine tragen schlecht.

Mit den Wölfen
Heule mit den Wölfen,
damit sie wissen, wo du bist.

Grube
Nur wer sie selbst gräbt,
kennt die Grube,
in die er nicht hineinfällt.

Lächeln
Trotz meines Lächelns
geht es mir gut.

Regeln
Man braucht nur Regeln,
an die man sich hält.

Zaun
Was anderes bricht den Streit vom Zaun
als eine Brücke, ihn zu überwinden?

Pfennig
Wer den Pfennig nicht ehrt,
rechnet auch nicht verkehrt.

Glashaus
Wer nicht in einem Glashaus sitzt,
wirft seinen Stein nie weit genug,
um es zu treffen.

Hochmut
Hochmut kommt vor dem Fall
und Klugheit vor der Dummheit.

Esel
Wenn du nicht belastbar bist,
dann sei doch stolz,
denn nur ein Esel trägt die Lasten.

Sicher
So sicher
wie die Armen in der Kirche ...

Stamm
Der Apfel fällt nicht weit vom Stamm,
doch keimt er nicht in seinem Schatten.

Die Hand
Die Hand für jemanden ins Feuer zu legen,
ist leichter, als sie ihm zu geben.

Blumen
Laß Blumen sprechen,
denn sie wissen nichts zu sagen.

Lohn
Undank ist der Welt Lohn,
glücklicherweise bei schlechtem Tarif.

Glück
Glück und Glas, wie leicht bricht das,
dafür halten Pech und Haß.

Fahnenstange
Das Ende der Fahnenstange
ist der Anfang der Freiheit.

Die Wand
Mal den Teufel nicht an die Wand,
sie könnte ihn zurückhalten.

Licht
Wenn dir ein Licht aufgeht,
wird es der Hausbrand sein.

Papier
Papier ist geduldig,
wenn es niemand benutzt.

Trübsal blasen
Also wirklich Trübsal blasen
könn'n nur Jäger für die Hasen.

Absicht
Eine Absicht zu verschleiern
kommt dem Verstecken einer Oase
in der Wüste gleich.

Würfel
Die Würfel sind gefallen,
also heben wir sie auf.

Kein Hahn
Dieses Argument ist schwach,
kommt es jemals dir zu Ohr,
es krähe wohl kein Hahn danach,
denn meistens kräht er doch zuvor.

Schönheit
Schönheit ist die Beute des Sieges,
den sie vollständig beherrscht.

Wahrheit
Ist das Licht der Wahrheit
ihr Schatten,
oder ist die Wahrheit
der Schatten ihres Lichts?

Weltgewinn
"Was hülfe es dem Menschen,
wenn er die ganze Welt gewönne
und nähme doch Schaden an seiner Seele?"
(Neues Testament, Matthäus 16, Vers 26)

Er wäre der einzige,
der sie sich dann leisten könnte.

Scheffel

Stell' dein Licht
nicht unter einen Scheffel,
denn dessen Schatten hindert
den Vergleich mit der Sonne nicht.

Brecht gebrochen

Erst kommt das Fressen,
dann die Moral,
denn das Vergessen
lindert die Qual,
spricht das Recht
frei nach Brecht
und trennt die Hand
von dem Verstand.

Schweiß

"Im Schweiße deines Angesichts
sollst du dein Brot essen."
(1. Buch Mose, Kap. 3, Vers 19)

... aber wasch' dir vorher die Hände.

Vergoren
Ein welkes Blatt,
das fällt vom Baum,
ein reifer Wunsch
verfliegt als Traum.

Konkret
Die Wahrheit ist konkret,
aber das Konkrete muß nicht wahr sein.

Lichterketten
Um die Einbildung zu retten,
man sei furchtbar engagiert,
eignen sich die Lichterketten,
weil man dabei nichts verliert.

Past oral
Erde zu Erde,
Asche zu Asche,
Schafe zur Herde,
das ist die Masche.

Spiel
Das Schicksal mischt die Karten,
doch niemand spielt mit.

Glanz
Es ist nicht alles Gold, was glänzt,
doch glänzt auch nichts von selber.

Zeit heilt
Die Zeit heilt Wunden,
doch kostet sie Schmerz.

Asche
Wer sich Asche aufs Haupt streut,
der tarnt nur sein Gesicht.

Ursache
Ursachen entstehen
durch ihre Wirkung ...

Guter Mann
Laß' den lieben Gott
einen guten Mann sein,
denn er ist von allen
am meisten darauf angewiesen.

Krieg
Stell' Dir vor, es ist Krieg,
und niemand geht hin,
doch wer soll ihn verhindern,
bevor er dann kommt?

Traumgut
Den Seinen gibt's der Herr im Schlaf,
bis sie wieder aufwachen.

Zaunpfahl
Der Wink mit dem Zaunpfahl
ist wie ein Hieb mit dem Strohhalm.

Geld
Geld regiert die Welt,
der Mensch rechnet ab.

Abgrund
Es ist immer ein Sturz in den Abgrund,
bevor der Vogel das erste Mal fliegt.

Dazwischen
Wer zwischen den Stühlen sitzt,
hat seine Füße vergessen.

Immer treu
Üb' immer Treu' und Redlichkeit,
dann bist du vom Verstand befreit.

Verloren
Was heißt schon geboren
als lebend verloren.

Ikebana
Der Himmel trägt die Erde,
die Erde trägt die Bäume
und die Bäume tragen den Himmel.

Klopfe an

Klopfe an der Türe Mitte,
und es wird jene Ruhe stören,
die den Wunsch und deine Bitte
hätt' erlauben können zu hören.

Versetzt

Der Glaube versetzt Berge,
und Berge versetzen in Erstaunen.

Rausch

Der Sinn des Rausches
wird der Rausch der Sinne sein.

Tief

Große Leute fallen tief,
aber niemals tiefer als die kleinen.

Religio

Ich fragte Gott, den ich gerade erfand,
ob er schon einmal diesen Gedanken hatte.

Taten
Wer der Souverän seiner Taten ist,
wird doch der Gefangene ihrer Folgen sein.

Ferne
Bleib', wo du bist,
aber entferne dich nicht.

Unvollständig
Das erschreckende Bild
deines mangelhaften Ausdrucks
spiegelt sich in den Augen
und in dem Verstand der anderen.

Ehrlich
Es gilt als aufrichtig,
wenn Täuschungsmanöver
überprüfbar ins Leere greifen;
dem gelungenen Täuschungsmanöver
jedoch wird vertraut.

Wehmut
Die Präsenz,
verkürzt auf den Kern eines Atoms,
vielleicht gespalten
und von der Frist eines Quantensprungs
in die Entladung
kosmischer Nichtigkeit überführt,
wird allein schon durch die Möglichkeit
dieses Gedankenganges
genügend Schmerz für die Geburt
ihrer steten Wiederkehr zurücklassen.

Endlich
Du kannst allem aus dem Wege gehen,
entkommen wirst du nicht.

Saftlos
Eine Weisheit hör' ich gern,
weil sie mir Gewißheit schafft,
doch hält sie das Können fern
wie die Trockenheit den Saft.

Kommt ...
Kommt Freud',
kommt Klag'.

Suchen
Weil du es suchst,
wird es dir fehlen.

Kettengold
Eig'ner Herd
ist Goldes wert,
wenn man Herrn
und Ketten ehrt.

Befehl
Der Herr hat befohlen:
Menschheit, geh' hin,
dir alles zu holen,
marschier' und gewinn.

Zieh' deine Bahn
im Regenbogen,
du Untertan.
Der Herr hat gelogen.

Licht im Wind

Dorthin reichen keine Schmerzen,
wo sie schon zu Hause sind,
denn sie gleichen jenen Kerzen,
deren Licht man sucht im Wind.

Götter

Es gibt keine Götter,
denn gäbe es sie,
würden sie nicht
zu mir sprechen.

Festung

Schalentiere muß man brechen,
eine Festung wird erstürmt,
schweres Rüstzeug wird sich rächen,
wenn es sich im Weg auftürmt.

Weg und Ziel

Der Weg ist das Ziel,
es sei denn, ich schiel'.

Aller Tage Abend
Es ist nicht aller Tage Abend,
doch alle Tage sind abends zu Ende.

Schiefe Bahn
Gerätst du auf die schiefe Bahn,
kommst du nur vor den ander'n an.

Morgengift
Morgenstund hat Gold im Mund
oder Krötengift im Schlund.

Blackout
Sollte dir ein Licht aufgeh'n,
wirst du wohl im Dunkeln steh'n.

Stoßseufzer
Wenn ein Mensch den letzten Stoßseufzer
der Ehrlichkeit aus seinen Lungen
herausgepreßt hat, dann war es nur die
vorletzte Lüge, die ihm zur Verfügung stand.

Schlimmer
Fürchtet euch nicht,
denn es ist schlimmer.

Geweckt
Du hast meine volle Aufmerksamkeit
und mein ganzes Interesse geweckt,
ich halt' mich von dir fern.

Geschenktes Vertrauen
Wenn ich dir mein ganzes Vertrauen schenke,
dann habe ich keins mehr.

Wagemut
Des Drachentöters Wagemut,
ein Vorbild für das Menschenstreben,
wird angeseh'n als hohes Gut,
nur Drachen hat es nie gegeben.

Mehrheit
Wenn etwas von der Mehrheit der Menschen
getragen wird, dann ist es ihre Versklavung.

Mut
So feige kann ich gar nicht sein,
um einmal wirklich Mut zu fassen.

Atheist
Mehr als jeder andere bist
auf Gott beschränkt du, Atheist.

Guter Rat
Guter Rat und kluge Worte
halten Schwierigkeiten fern
von des Freundes eig'ner Pforte,
deshalb gibt er sie auch gern.

Bodenständig
Wer mit seinen beiden Beinen
bodenständig sicher steht,
zahlt den Preis, so will mir scheinen,
daß es nicht mehr weitergeht.

Geselle
Ich brauche Gesellschaft,
also laß' mich in Ruh'.

Manisch
Meine Gefühle als Volldepressiver
und Totalmaniker sind zu keinem Zeitpunkt
jemals ernstzunehmen, aber ich immer.

Bäume
Wer den Wald vor lauter Bäumen nicht sieht,
der hat einen scharfen Blick
und kann sich auf seine Augen verlassen.

Walpurgis
Was immer Walpurgis den Menschen erlaubt,
es hat den Hexen die Flugkraft geraubt.

Herzensfreiheit
Wenn das Herz
die Quelle der Freiheit ist,
dann kann alles frei sein,
nur das Herz nicht.

Abschiedszeit
Laß dir Zeit beim Abschied,
denn er währet ewiglich.

Angewurzelt

Folge mir nach, sag' ich zu mir
und bleib' wie angewurzelt stehen.

Eine Träne

Es geht eine Träne auf Reisen,
und ich trag' sie mit mir herum.

Eigenes Glück

Jeder ist seines eigenen Glückes Schmied,
doch wer hat schon das Werkzeug
und den Werkstoff dafür?

Licht

Das Licht ist der Schatten der Dunkelheit
und das Feuer der Abglanz der Kälte.
Erhoffe von dem Licht also nichts,
was du von der Dunkelheit nicht fürchtest.

Nexus

Ein Blatt, das sich wendet,
tut das nicht aus sich,
wann Rechenkunst endet,
bestimmt nicht der Strich.

Sichere Freiheit
Was ist Freiheit ohne Sicherheit?
Eben Freiheit!

Himmel
Der Himmel - großer Gestus ohne Halt.

Universum
Das Universum ist für sich genommen
als Konzept und als Idee
ganz sicher haltlos und im Kern verschwommen,
nur damit ich es versteh'.

Treue
Treue zahlt sich nicht aus,
sie ist zu haltbar dafür.

Manöver
Ein Fluchtmanöver ohne Ende
ist des Körpers Raumgewicht,
stützt es sich auch auf Fuß und Hände,
findet 's doch den Ausgang nicht.

Schlingel
Jeder ist sich selbst der nächste,
wer aber wird der nächste sein?

Unerwartet
Tue stets das Unerwartete,
also laß' es.

Einfach
Manchmal ist die Wahrheit
so unerträglich einfach,
daß es zu kompliziert wäre,
sie zu erfassen.

Durchnittshund
Beschäftigt sich der Durchschnittshund
noch neben seinen Knochen
mit immer was, der erste Grund,
es hat wohl stark gerochen.

Es ist ein Ros'

Es ist ein Ros' entsprungen,
die Wurzel hielt sie fest,
so ist es nicht gelungen,
daß sie den Ort verläßt.

Tinte

Tinte, Schrift und Schreibpapier,
Bildschirm und Computertasten
scheiden darin Mensch von Tier,
auch die Umwelt zu belasten.

Jungbrunnen

Alte Dinge zu verjüngen,
um sie dadurch zu verbessern,
ist die Art von Geistessprüngen,
die den Tee mit Tee verwässern.

Bergab

Es geht bergab,
aber voran.

Glanz
Es ist nicht alles Gold, was glänzt,
doch nichts glänzt ohne Sonne.

Ewig gestrig
Die ewig Gestrigen, die bleiben,
denn die Heutigen,
die gibt es morgen schon nicht mehr.

Zähne
Die Zähne sind dem Fleische näher
als das Fleisch den Zähnen.

Schwarzer Peter
Weder früh noch etwas später
mit dem Schwarzen Peter spielen -
und schon gar nicht Schwarzer Peter
als Verlierer unter vielen.

Falten
Falten hab'n die Eigenschaft,
daß sie neue Falten schaffen
und durch ihre tote Kraft
auch das Umfeld mit erschlaffen.

Federschmuck
Nur mit fremden Federn,
mit eigenen kann sich keiner schmücken.

Unversucht
Man hofft nichts unversucht.

Paradies
Leben wie im Paradies
würde hier verderben,
doch es wär' genauso fies,
dort perfekt zu sterben.

Blicke
Wenn Blicke töten könnten,
wären Menschen überflüssig.

Tiefgang
Die Früchte allen Tiefgangs
wurzeln in der Oberflächlichkeit.

Kochen

Jeder kocht doch nur mit Wasser,
die Zutaten jedoch,
ihre Mengen und ihre Aufbereitung
entscheiden erst über das Gericht.

Monster

Seit ihrem Sprung aus der Ursuppe
haben sich die Monster der Nahrungskette
doch wesentlich weiterentwickelt -
es sind Menschen geworden.

Raubtier

Edelmut zu feiern,
weil das Raubtier and're frißt,
heißt doch nur verschleiern,
daß man selber eines ist.

Streben

Im Streben nach Gewißheit
hat man die Ungewißheit vorgezogen,
denn was soll das Streben anderes sein.

Haufen

Liebe geht durch den Magen
und hinterläßt übelriechende Haufen.

Komplex

Das menschliche Fühlen und Denken
als modellübergreifend komplex zu bezeichnen,
wäre ein Versuch, es zu vereinfachen.

Blütenrast

Wenn du etwas Eig'nes hast,
solltest du es hüten
wie der Wanderer die Rast
und der Baum die Blüten.

Denn verbrauchst du es nicht gleich,
nimmst es ohne geben,
dann bist du an Mengen reich,
nur nicht mehr am Leben.

Kehrtwende

Was bleibt uns denn noch zu tun,
wenn wir das nur wüßten,
würden wir nicht weiter ruh'n
und uns dafür rüsten.

Würden wir nicht weiter ruh'n
und uns dafür rüsten,
gäb' es was für uns zu tun,
wovon wir auch wüßten.

Überlebenstreu

Nur wer sich ändert, bleibt sich treu,
wer nicht, der wird sonst menschenscheu,
weil er den Blick dafür verliert,
wonach das Überleben giert.

Verkennung unendlich

Den unendlichen Ozean der Verkennung
zu überbrücken, kann nur gelingen,
wenn ihm weitere Verkennungen
hinzugefügt werden.

Frontschaft
Freundschaft will geschaffen werden,
sie ist kein Kind von dieser Welt,
Feindschaft trifft man nur auf Erden
und nichts, was wirklich trägt und hält.

Wohin
Wo führt er hin, der Weg, genau,
sagt mir das der Straßenname?
Geh' ich dann los und such' und schau,
so finde ich die Ortsreklame.

Talk
Einerseits gibt's die Erwartung
andrerseits die Projektion
und dazwischen die Entartung
der Verständigung als Lohn.

Thing
Wenn alles gesagt wurde,
was es zu sagen gibt,
können wir anfangen zu sprechen.

Feind
Jedermanns Freund
ist jedermanns Feind.

Wer einmal lügt
Wer einmal lügt, dem glaubt man nicht,
und wenn er auch die Wahrheit spricht.
Doch spricht er wahr von Anfang an,
ist niemand da, der 's leiden kann.
Drum lüge weiter ohne Schluß,
so glaubt man es, weil man es muß.

Gebrauch
Wer nicht zurechtkommt mit dem,
was ihm nicht zur Verfügung steht,
wie soll der von dem Gebrauch machen können,
was er besitzt?

Naturerfindung
Furcht und Ungewißheit
begünstigen die Teilhaberschaft
des Menschen an den Regeln einer Natur,
die er selbst erfunden hat.

Weltraumloch
Im Weltraum ist ein tiefes Loch,
doch der ist groß und stopft es noch.

Seelenschaden
"Was hülfe es dem Menschen,
wenn er die ganze Welt gewönne
und nähme doch Schaden an seiner Seele?"
(NT, Matthäus Kap. 16, Vers 26)

Welche Seele aber bliebe unbeschadet,
wenn ihr von der Welt
auch nur das geringste verlorenginge?
(Diabolis vom Sonnenkranz)

Einkehr
Das Ausmaß der Dinge,
auf die es nicht ankommt,
ist derart unüberschaubar,
daß es sich verbietet,
seine Bemühungen auf der Suche
nach richtig oder falsch
zu verschwenden.

Erwachsen
Ich dachte mal, ich sei erwachsen
und hätte was erreicht,
doch fehlen mir Gestell und Achsen,
jetzt ist 's mir wieder leicht.

Die kleine Gefahr
Der kleine Stein bringt dich zu Fall,
der große Stein dient dir als Stütze,
im Meer trifft Mensch Niveaball,
doch niemand tritt in eine Pfütze.

Luftmanöver
Derselbe Atem löscht das Licht
und schürt die Glut im Feuer.

Kopflast
Willst du wirklich alles schaffen,
mit dem Schädel durch die Wand,
lern' doch lieber von den Affen
und gebrauche Fuß und Hand.

Wildesel
Was Hänschen nicht lernt,
kann auch für Hans kein Hindernis werden.

Integer
Glaub' dem Vogel nicht, der fliegt,
bis er auf der Erde liegt.

Konturen
Wer im Schatten steht,
der steht im Licht.

Menschenschmerz und Götterfurcht
Nicht kümmert die Götter
der Menschen Auf- und Niedergang,
doch kümmert die Menschen der Olymp.
Wehe den Göttern!

Tränentief
Es geht eine Träne auf Reisen,
dem Auge geht Wasser verlor'n,
doch das muß mitnichten verwaisen,
es wird schon die nächste gebor'n.

Ziele
Nah der Heimat und doch fern
fragt der Mensch nach Zielen,
anfangs nach dem nächsten Stern
und schon bald nach vielen.

Verwunderung
Der Glaube an Wunder
veranlaßt Verwunderung
über den Glauben.

Der Herr
Der Herr hat 's gegeben, der Herr hat 's genommen,
warum sollte er dann noch mehr bekommen?

Irrläufer
Wenn frei nach Ambrose Bierce
Wissen nicht mehr ist,
als der geordnete Teil unseres Nichtwissens,
so ist Nichtwissen nichts anderes
als der ungeordnete Teil unseres Wissens.

Fälschen
Warum buchen,
wenn nicht fälschen?

Fehltritt
Der Fehltritt eines Menschen
verursacht nicht mehr Schaden
als sein Tritt.

Schlaf
Tiefster Schlaf
erwacht zum uferlosen Schlaf
frischen Lebens.

Hänschen und Hans
Was Hänschen nicht lernt,
lernt Hans nimmermehr,
was Hans also niemals mehr lernen kann,
würde auch Hänschen vergessen.

Endlos
Denn die Hölle regt und windet
sich, bis sie die Seele findet.

Was man will
Das eine, was man will,
das and're, was man auch nicht könnte.

Blutsverwandtschaft
Die Blutsverwandtschaft
gleicht der trügerischen Allianz
des Gespensterreiches mit dem Nebel des Waldes.

Würfel
Gott würfelt nicht, stellt Einstein fest,
er wird gewürfelt wie der Rest.

G'Kar
Ich denke,
also versteh' ich nicht.

Kein Gesetz
Überall auf der Welt heißt es,
kein Mensch steht über dem Gesetz.
Im Herzen des nämlichen jedoch wird es heißen,
kein Gesetz steht über dem Menschen.

Ethik
Bei der Ethik handelt es sich um einen Begriff,
der die Integration aller Zwecke und Inhalte
zu schützen beansprucht, die er zu bekämpfen vorgibt.

Kochtopf
Die einzige Gesellschaft,
die ich vollkommen akzeptiere,
ist mein Kochtopf
und das, was darinnen ist.

Abheben
Wer schon fliegt,
braucht nicht mehr abzuheben.

Zivil
... denn was anderes sollte zivilisierbar sein
als schlechte Eigenschaften ...

Des Bösen Genesis
Ward das Böse nicht erfunden,
damit das Gute Recht behält?

Genius
Sind 's wenige Sekunden nur,
so ist der Rest Verstellung pur.

Vorschrift
Wer wirklich erfolgreich seinem Stuhlgang
den Weg vorschreiben möchte,
der müßte sich wohl selbst verdauen.

Realität
Wenn es eine Kette von Lücken gäbe,
dann hätte sie die Kontur
und die Wirkkraft unserer Realität.

Von vorn
Könnte ich von vorn beginnen
einmal noch in meinem Leben,
würde ich doch nichts gewinnen
als dem Scheitern nachzugeben.

Beschleunigung
Der Bremswert der Systeme
beschleunigt die Probleme.

Furcht
Jede Nacht werd' ich unruhig schlafen,
bis der Tag kommt,
an dem ich ruhig wach sein kann.

Nicht
Solang' ich s will,
tu ich es nicht,
es wird erst still,
wenn jemand spricht.

Treib
Halt' deinen Gegner dir vom Leibe,
damit er dich zu Tode treibe.

Wahlfreiheit
Die Unbequemlichkeit
ist das Mittel der Wahl,
wenn es denn keine gibt.

Menschenwürde
Es ist die Würde aller Menschen,
die der Hunger in der Welt verzehrt.

Hungers Rest
Der Hunger vieler Menschen
ist der Kerkermeister für den Rest.

Antwort
Es ist die Antwort,
an der die Frage stirbt
und alles, was sie zu begreifen sucht.

Kosmischer Nektar
Für alle Zeit den Nektar
kosmischer Geheimnisse schöpfen zu wollen,
käme dem Versuch gleich,
mehr Licht ins Dunkel zu bringen,
indem der Blick auf die Sonne gerichtet wird.

Der böse Nachbar
Es kann der beste nicht in Frieden leben,
wenn es dem bösen Nachbarn nicht gefällt,
doch wer in Frieden lebt, kann nicht der beste,
sondern wird eher der böse Nachbar sein.

Schmerzensschrei
Du fürchtest den Schmerzensschrei
des anderen, weil du ahnst,
daß es der deine ist.

Übersetzerweisheit
Wir können uns nicht fremd genug werden,
um uns mehr und mehr kennenzulernen
und immer besser zu verstehen.

Buddhas Eck'
Ohne daß ein Stuhl mich daran hindert,
ein Kissen mich gar unterbricht,
mich meine Schlafstatt etwa täuscht
oder mich meine Füße in die Irre führen,
werd' ich unaufhörlich sitzen.

Die Revolution frißt ...
Die Revolution frißt ihre eigenen Kinder,
wenn die Kinder zuvor
nicht ihre Eltern gefressen haben.

Logenplatz
Ich möchte einen Logenplatz
beim Untergang der Erde,
solange, bis ich sicher weiß,
daß ich ein Engel werde.

Es kann der Beste nicht ...
Es kann der Beste nicht in Frieden leben,
wenn es dem bösen Nachbarn nicht gefällt.
Doch überlebt der böse Nachbar nicht,
solange der Friede des Besten herrscht.

Anders
Sagt der eine: "Bei mir ist das anders."
Sagt der andere: "Bei mir nicht."

Trockenschweiß
Ach, könnte Wasser trocken sein,
ich bliebe nicht hier sitzen,
ich spränge dann direkt hinein
und müßt' nicht so sehr schwitzen.

Sünder
Wir sind allzumal Sünder,
zumal es nichts besseres gibt.

Versuchung
Führe uns nicht in Versuchung,
sondern versuch 's selbst mal.

Offen
Öffne kein Tor,
ohne es zu durchschreiten.

Hier und Jetzt
Ins Hier und Jetzt gelang' ich nur,
weil ich zu spät gekommen bin ...

Babelfurt
Die Sprache ist der Fußabdruck des Denkens
und das Sprechen des Denkens nächster Schritt.

Wie
Wie tief willst du graben,
um nicht auf Wasser zu stoßen?

Ein Wille
Wo ein Wille ist,
stört nur der Weg.

Umlastbewältigungsstrategie
Es gibt keine Schuld
ohne Schuldherrn.

Wenn schon
Wenn schon Kampf,
dann unfair ...

Reue
Daß ich alles bereue,
ist der beste Grund,
nichts daran ändern zu wollen.

Verständnis
Kein Platz bei mir für Verständnis,
denn schneller kann es nicht verlorengehen.

Hoffnung
Die Hoffnung stirbt zuletzt,
weil der Grund dafür zuerst gestorben ist.

Notiz
Wann war es noch gewesen,
was ist und werden wird?

Lesung
Da knallt es ohne Zündung.
da bebt es ohne Schlag,
der Menschenmund als Mündung
schafft Aussaat und Ertrag.

10. Es war einmal ...
Heitere Verse
von und mit H. Bart

Es war einmal ...

... 'ne Leseratte,
die wollt' beim Lesen gehen,
und was sie dann gelesen hatte,
auch schnell und leicht verstehen.

Es war einmal ein Nadelstich,
der hatte sich verlaufen
im Wasser, und er wehrte sich,
doch mußte er ersaufen.

Es war einmal ein Kletterfuß,
der konnte niemals ruhen,
bis es ihn fesselte zum Schluß
in Fellen und in Schuhen.

Es war einmal ein faules Ei,
das wollte einfach sterben,
es flog an meinem Kopf vorbei,
den nächsten zu verderben.

Es war einmal ein Muckefuck,
der ließ sich gern verspritzen,
so traf er einen Teil vom Stuck,
und er bleib darauf sitzen.

Es war einmal ein Krähenfuß,
der konnte nicht verstehen,
warum macht' er grad dem Verdruß,
dem 's schwerfällt, ihn zu sehen.

Es war einmal ein starker Mann,
der wäre gern verschwunden,
doch wußt' er nicht, wohin er kann,
der Feind hätt' ihn gefunden.

Es war einmal ein Dackel,
der wollte eine rauchen,
ganz schnell war er 'ne Fackel
und nicht mehr zu gebrauchen.

Es war einmal ein Pfefferstreuer,
der mußte plötzlich husten,
so wurde er zum Ungeheuer
und nieselte zum Prusten.

Es war einmal ein Sauerkraut,
das hatte sich verlaufen
und wurd' von einer Kuh verdaut,
nun hat ihr Darm wohl Schlaufen.

Es war einmal ein Fegefeuer,
das sprach: "Für ewig doch ich hoff'",
doch weit gefehlt, denn sie war neuer,
die Bombenkraft aus Wasserstoff.

Es war einmal ein Taschentuch,
das wurde zu gesellig,
das merkt' die Waschmaschine, huch,
das Taschentuch war fällig.

Es war einmal ein Panzerschrank,
der wirkte sehr verdrossen,
man könnte sagen, er war krank,
man hat ihn nie verschlossen.

Es war einmal 'ne Kissenschlacht,
die fand ihr jähes Ende,
weil erst das Bett zusammenkracht'
und dann auch Haus und Wände.

Es war einmal ein kleiner Dieb,
der wollte nicht mehr stehlen,
was nur ein frommer Vorsatz blieb,
es würde ihm was fehlen.

Es war einmal ein Sonnenstrahl,
der wurde aufgehalten
und dann von dem Laternenpfahl
in mehr als zehn gespalten.

Es war einmal ein Tannenbaum,
der wollte Weihnachtsabend nicht
als dekorierter Kugelclown
wie blöd' dasteh'n im Kerzenlicht.

Es war einmal ein Streifenhorn,
das hatte an der Nase
ein doppelt großes Gerstenkorn
und hoppelt' wie ein Hase.

Es war einmal ein kleiner Furz,
der war zu schnell entwichen,
denn wäre er nicht viel zu kurz,
wär' er schon eh'r geschlichen.

Es war einmal ein Zitteraal,
der suchte nachts ins Weite,
so blieb ihm dann auch nur die Wahl
zu leuchten von der Seite.

Es war einmal ein großer Zinken,
der leuchtete im Sonnenschein,
und in der Nacht, da konnt' er blinken,
das kam vom vielen guten Wein.

Es war einmal ein Wasserball,
der sprang auf eine Scherbe,
der große Überraschungsknall,
der war dann auch recht derbe.

Es war einmal ein kleiner Mops,
der saß auf Tantchens Schoße,
es war zum Mittagstisch ein Hops
und er ein Mops mit Soße.

Es war einmal ein kleiner Mann,
der kraxelte auf eine Leiter,
doch an den Hut kam er nicht ran,
der Hut, der klettert' einfach weiter.

Es war einmal ein Apfelstrudel,
der fiel dem Bäcker runter
und machte einen Straßenpudel
so richtig satt und munter.

Es war einmal ein Dosenbier,
um das sich viele keilten,
am Ende jedoch waren 's vier,
die es sich endlich teilten.

Es war einmal ein Gänserich,
der galt als schönster in der Welt,
doch ärgert' er sich fürchterlich,
weil seine Gans nichts von ihm hält.

Es war einmal ein Zuckerbrot,
das blieb zu lange liegen,
die Mägen hatten ihre Not,
den Appetit die Fliegen.

Es war einmal ein Hühnerdieb,
dem das geschah, was nicht sein sollte,
der hatte eine Henne lieb,
die er anfangs nur stehlen wollte.

Es war einmal ein Blatt Papier,
das wünschte sich ein Prosakleid,
doch tat ihm bald nach dem Geschmier
schon jeder Zentimeter leid.

Es war einmal der Ritter Pflicht,
die bösen Drachen zu besiegen,
nur gab es solche Drachen nicht,
und keine Echse konnte fliegen.

Es war einmal ein Haus mit Garten,
die wurden ständig überseh'n,
und wenn sie nicht noch heute warten,
wird dort nur noch ihr Schatten steh'n.

Inhalt

1. Leiersätze

2. Sonette

5. 1. Augenlärm

5.2. Blinder Zorn

6. Tiermoritaten

Über den Autor

Helmut Barthel, geboren 1951 in Hamburg, schreibt seit seinem achten Lebensjahr. Sein beeindruckendes Werk umfaßt heute weit mehr als 1000 Gedichte und zwei Serien von über 100 Kurzerzählungen über bedeutende Religionsstifter und Philosophen von der Antike bis in die Gegenwart. 2015 erschien der erste Teil seines Romans "Zauber kalt", dem zwei weitere folgen sollen. Die beiden Bände "Dichterstube, Kehricht Band 1 und 2" enthalten alle weiteren Gedichte verschiedenster Formate und Aphorismen, die in den fünf Büchern "Lyrik-Lesung" noch nicht veröffentlicht wurden. Verbliebenes vom Feinsten!

Helmut Barthel arbeitet als Verleger und Chefredakteur des Schattenblick und ist Verfasser nachhaltiger Fachartikel in den Bereichen Politik, Kultur, Philosophie und Sport. Seine Leidenschaft gilt der deutschen Sprache, besonders in verdichteter Gestalt.

Lyrik-Lesungen

Dichterstuben
Eine Auswahl
von Helmut Barthel

Lyrik-Lesung 1
vom 29. Mai 2013
ISBN 978-3-925718-18-2

Lyrik-Lesung 2
vom 7. August 2013
ISBN 978-3-925718-19-9

Lyrik-Lesung 3
vom 30. Oktober 2013
ISBN 978-3-925718-20-5

Lyrik-Lesung 4
vom 4. Dezember 2013
ISBN 978-3-925718-21-2

Lyrik-Lesung 5
vom 12. Februar 2014
ISBN 978-3-925718-22-9

Zauber kalt

Ein Märchen für Erwachsene
von Helmut Barthel

Teil 1 - Bari in Inari

Folgt mir nun auf die Reise in eine ferne Vergangenheit, die der Zukunft doch so nahe ist wie die Worte, die ich gebrauchen werde, um Euch die Begebenheiten meiner Wanderschaft an die Quellen der Zauberei zu erzählen. (H. B.)

ISBN 978-3-925718-23-6

**Ein Zimmermann
in der Wüste**

Es begab sich aber vielleicht auch ...
Eine heitere Exegese
neutestamentarischer Begebenheiten
von Helmut Barthel

Mit einer Exegese der besonderen Art bietet Helmut Barthel in seinem Erzählbändchen eine ganz neue, humorvolle, bisweilen deftige Sicht auf 14 bekannte neutestamentarische Episoden um den Zimmermann Jesus von Nazareth und seine Anhänger, der ganz ohne Religiosität und Frömmigkeit auskommt. Ein Lesevergnügen und eine Entdeckungsreise sowohl für moderne Christen wie auch für Anhänger anderer Glaubensrichtungen.

ISBN 978-3-925718-24-3

MIX

Papier | Fördert
gute Waldnutzung

FSC® C083411

Zeitfracht Medien GmbH
Ferdinand-Jühlke-Straße 7
99095 Erfurt, Deutschland
produktsicherheit@kolibri360.de